ANA

Una mujer que cumplió la promesa que le hizo a Dios

Por Marlee Alex
Ilustrado por Juan Ramón Alonso

Ana
Una mujer que cumplió la promesa que le hizo a Dios
Escrito por Marlee Alex
Ilustrado por Juan Ramón Alonso
Diseño gráfico por Nils V. Glistrup

Drejervej 15, 3er piso, DK 2400 Copenhague NV, Dinamarca
E-Mail: info@sph.as Web: www.sph.as

Concebido, diseñado y producido por Scandinavia Publishing House

Impreso en China
ISBN 9788771326161

ANA

Una mujer que cumplió la promesa que le hizo a Dios

Por Marlee Alex

Ilustrado por Juan Ramón Alonso

"¡Creo que necesito un poco de agua para hacer más ladrillos de arcilla!" dijo Elcana a su joven esposa. "Ven, Ana, vamos juntos al río."

Ana soltó la carga de paja que llevaba cargando. "Sólo estás buscando una excusa para ir a nadar," rio ella.

Elcana rodeó a Ana con un brazo y la atrajo hacia él. Cada uno tomó un jarro de cerámica y se fueron, riendo y haciéndose bromas.

La feliz pareja estaba construyendo su propia casa en las colinas de Ramá. Eran jóvenes y estaban llenos de sueños. Elcana amaba el brillo del sol en la sonrisa de Ana. Estaba decidido a darle una buena vida.

Elcana y Ana trabajaron duro en su nueva casa. Cuando la terminaron, la amueblaron cómodamente. Y pasaron los años. Vivían satisfechos, esperando pacientemente las señales de que su primer hijo estaba en camino. En la tierra de Israel donde vivían, tener hijos era lo mejor que podía pasarle a una pareja. Pero Elcana y Ana no habían tenido hijos.

En ese tiempo ningún rey gobernaba Israel. En lugar de eso, Dios quería que Su pueblo, los israelitas, lo siguieran a Él y no a un rey. Pero la mayoría de la gente había dejado de confiar en Él. Elcana y Ana estaban entre los pocos israelitas que todavía amaban al Señor. Habían querido formar un hogar llenos de niños que aprendieran a adorar a Dios y a respetar Sus mandamientos.

Elcana pensaba con frecuencia en sus vecinos, que vivían como paganos. Aunque también ellos eran israelitas, no adoraban al único Dios verdadero. Los vecinos de Elcana habían dejado de seguir los mandamientos de Dios hacía mucho tiempo. Adoraron a dioses falsos hechos de piedra y metal. Vivían cada vez más y más lejos de la verdad de la Palabra de Dios. Muchos de los hombres tenían más de una esposa. Creían que de cuantas más esposas e hijos un hombre pudiera alardear a sus amigos, más importante parecería ante ellos.

Elcana empezó a sentirse intranquilo. Tenía fe en Dios, pero quería tener un hijo o una hija trabajar a su lado. Pensó, "Cuando Ana y yo seamos ancianos no habrá nadie para cuidarnos. Si los hijos son una bendición de Dios, ¿qué estamos haciendo mal?"

Elcana se comparó con los otros hombres que tenían sus casas llenas. Cuando más pensaba en ello, peor se sentía. Finalmente se convenció de que él, también, debería tener otra esposa, una que pudiera tener hijos. "Sólo una," pensó. "Nadie pensará que está mal. Y compensaré a Ana en otras formas. Ana siempre será mi primer amor."

Así Elcana trajo a su casa una segunda mujer como su esposa. Se llamaba Peniná. Con el tiempo, Peniná y Elcana tuvieron muchos hijos. Esto era todo lo que él necesitaba para convencerse de que había hecho lo correcto. Pero cada vez que Ana oía el llanto de otro de los bebes recién nacidos de Peniná, su corazón le dolía tanto que sentía que se iba a romper.

Elcana trataba de ser especialmente bueno y generoso con Ana. La llenaba de besos y abrazos. Pero esto hacía que Peniná se pusiera celosa. Peniná empezó a burlarse de Ana cada vez que Elcana estaba fuera. La provocaba cada vez que podía, mermando su confianza en ella misma y su fe en Dios. "Mira este robusto muchacho," se burlaba, sentando a su hijo menor sobre sus rodillas, "el fruto de mis entrañas. Es el orgullo y alegría de Elcana. ¿Dónde está tu fruto, pobre estéril Ana?"

Elcana tenía la costumbre de llevar a toda su familia una vez al año al templo del Señor en un hermoso lugar llamado Silo. Elcana le dijo a sus hijos, “Vamos a celebrar y tener una gran banquete, cuando adoramos a Dios como familia, nos unimos más.” Cada año Elcana esperaba que el viaje a Silo ayudara a resolver el creciente resentimiento que había entre sus dos esposas.

Pero un año, algo pasó que hizo que las cosas se pusieran aún peor. Después de la adoración en el templo, Elcana cortó la carne para la cena de la familia. Peniná hablaba con sus hijos que se habían sentado alrededor de ella. Elcana sirvió a cada quien una gran porción de carne.

Pero cuando llegó a Ana, que estaba sentada sola y en silencio, sintió una oleada de lástima hacia ella. "¿Qué puedo hacer para animarla?" Elcana se preguntó así mismo, "no tiene hijos propios con quienes celebrar." Entonces Elcana sirvió a Ana una porción doble de la deliciosa carne. Era lo único que se le ocurría que podría demostrarle cuánto le importaban sus sentimientos.

Peniná notó cuánta comida había servido Elcana en el plato de Ana. Pero lo que más le molestó fue el amor y ternura evidentes en los ojos de él mientras le servía a Ana.

Peniná no podía quedarse callada. "Ana," se quejó, "¡tu plato está lleno, pero tu nido está vacío! ¿No tienes pequeños con quienes compartirlo? Estamos aquí para adorar al Señor. Pero en tu vida no se nota ninguna de Sus bendiciones," dijo Peniná sonriendo desdeñosamente, y sus hijos rieron.

Ana les dio la espalda. Perdió su compostura y empezó a sollozar. Todos se quedaron callados. Después de lo que pareció una eternidad, Elcana rompió el silencio. "Ana, no dejes que Peniná te haga sentir mal. Sólo estaba bromeando. Estoy seguro que yo soy mejor para ti que diez hijos."

Elcana había querido hacer que Ana se sintiera mejor, pero sus torpes palabras sólo demostraron que no la comprendía. Aún así, Ana luchó con las lágrimas y terminó su cena en calma. Más tarde se escabulló por la puerta y se fue al templo sola. Sabía que al menos había Uno que escucharía y entendería.

"Señor Dios," oró Ana, "si entendieras mi ruego una sola vez y me das un hijo, te devolveré ese hijo a Ti. Podrá vivir aquí en Tu templo y servirte toda su vida." Ana siguió orando. Pero lo que pensaba y sentía era demasiado profundo para sus palabras. Sus labios seguían moviéndose, pero ningún sonido pasaba entre ellos.

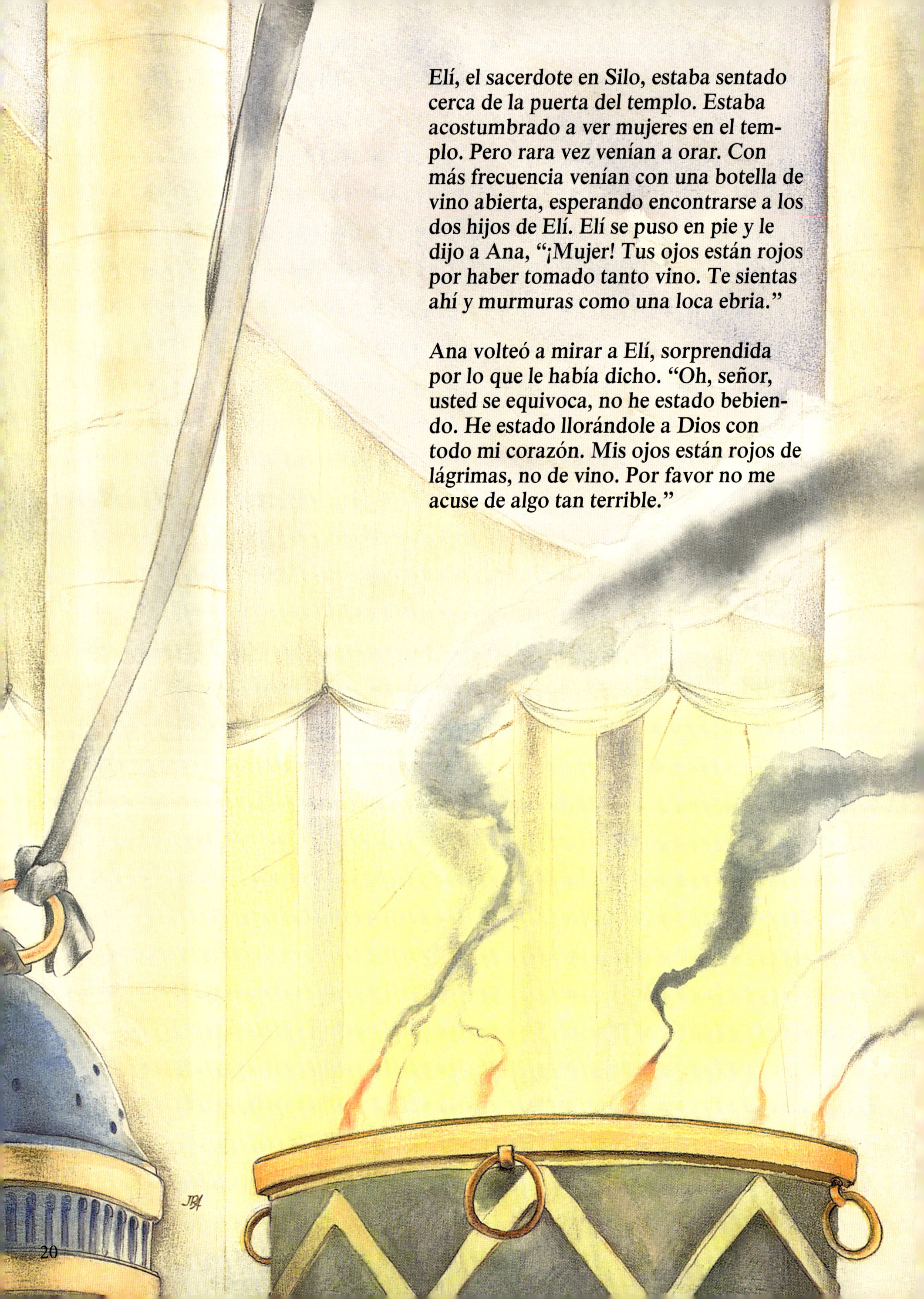

Elí, el sacerdote en Silo, estaba sentado cerca de la puerta del templo. Estaba acostumbrado a ver mujeres en el templo. Pero rara vez venían a orar. Con más frecuencia venían con una botella de vino abierta, esperando encontrarse a los dos hijos de Elí. Elí se puso en pie y le dijo a Ana, "¡Mujer! Tus ojos están rojos por haber tomado tanto vino. Te sientas ahí y murmuras como una loca ebria."

Ana volteó a mirar a Elí, sorprendida por lo que le había dicho. "Oh, señor, usted se equivoca, no he estado bebiendo. He estado llorándole a Dios con todo mi corazón. Mis ojos están rojos de lágrimas, no de vino. Por favor no me acuse de algo tan terrible."

De inmediato se dio cuenta Elí de que había cometido un error terrible. Se arrodilló junto a Ana en el altar. "Señor Dios del cielo y de la tierra," rezó en voz alta. "Llena el corazón de esta mujer con Tu paz. Responde sus plegarias. Sí, Señor, dale lo que ha venido a pedir. Amén."

La sencilla oración de Elí reconfortó a Ana y renovó su fe. "Gracias por darme su bendición, señor," susurró.

El resto de la semana en Silo pasó rápidamente para Ana porque su corazón estaba en paz con los groseros tratos de Peniná y ya no era tan difícil soportar las burlas de sus hijos. "Ya no dejaré que nadie me quite la paz de Dios," declaro. Aún así, de regreso en Ramá, Ana sintió que sus fervorosas plegarias en el templo ahora estaban lejanas y difusas. Con todo y eso, llegó el día en que Ana se dio cuenta de que sus súplicas habían recibido respuesta; iba a tener un bebé.

Cuando el niño nació, Ana sentía un gran regocijo, “Este niño es exactamente lo que pedí. Se llamará Samuel, ‘Pedido de Dios’ porque él es la respuesta a mis plegarias.”

El pequeño Samuel fue un niño saludable y vivaz. Ana lo protegía sosteniéndolo en sus brazos mientras él bebía su dulce leche. Ella le cantaba y hablaba con él. Mientras crecía, ella le contó historias y lo llevó a dar paseos, cargándolo en su espalda. Jugaba con él y oraba por él, hasta que finalmente creció y ya no necesitó la leche de su madre.

Ana había puesto mucho tiempo y energía en el cuidado de su bebé. Su amor por Samuel era muy grande. Pero más grande aún era el que sentía por Dios. Y estaba decidida a cumplir la promesa que le había hecho en el templo.

Cuando Samuel tenía unos tres años, durante la visita anual a Silo, Ana lo vistió con una túnica de lino y lo llevó al templo. Elí, el sacerdote, estaba sentado junto a la puerta como acostumbraba.

"¿Me recuerda?" Le preguntó Ana. "¡Mire! Este pequeño niño es la respuesta a las plegarias que hice en este templo hace unos años.

Samuel es todo lo que siempre quise, y he venido a cumplir mi promesa y a entregárselo de vuelta a Dios."

Ana puso la minúscula mano de Samuel en la vieja y nudosa mano de Elí. Él llevó al niño a su propia casa y lo presentó a su familia, prometiendo cuidarlo y enseñarle a servir al Señor en el templo.

En el camino de regreso a Silo, Ana echaba de menos al pequeño niño que había andado a saltos a su lado. Pero cantó canciones de alabanza y agradecimiento a Dios mientras caminaba junto a Elcana. Su agradecimiento a Dios, el Dador, se desbordaba por el regalo del niño que Él le había dado.

"Dios respondió a mi plegaria y me dio lo que pedí," cantaba. "De hecho, Él me dio mucho más que lo que pedí o que jamás imaginé. Samuel es tan maravilloso para mí como lo serían siete hijos. Ya no tengo que oír a otros reírse de mí ni sufrir de un corazón herido. Sí, los que creen que son fuertes quedarán desamparados. Y los desamparados serán hechos fuertes. Dios tiene el control. Un día enviará al Ungido, un Rey poderoso que será venerado por todo el mundo."

Ana cumplió la promesa que le hizo a Dios, y como resultado toda la nación de Israel fue maravillosamente bendecido. El pueblo de Israel había dejado de adorar a Dios porque no tenían un líder devoto. Pero Samuel creció para convertirse en uno de los líderes más grandes de todos los tiempos.

Samuel fue un juez que tomó decisiones de gobierno y ayudó a la gente a aclarar sus disputas. Fue un profeta que enseñó a la gente a entender las leyes de Dios. Y fue un sacerdote que atendió sus necesidades espirituales. Hasta los enemigos de Israel respetaban a Samuel y estuvieron en paz con Israel mientras él vivió. Lo mejor de todo fue que los israelitas empezaron nuevamente a adorar al único Dios verdadero.

Cuando Ana canto sobre "El Ungido, el Rey especial," nunca antes había habido un rey en Israel, ni podría haber tenido forma de saber que un día habría reyes gobernando Israel. Porque fue su hijo, Samuel, quien más tarde ungió al primer rey de Israel por instrucciones de Dios. La canción de Ana fue la forma en la que Dios hizo una promesa al mundo. Dios prometió a través de Ana que llegaría un tiempo en que Su propio Hijo, el Príncipe de la Paz, reinaría sobre toda la tierra, y todo el mundo se arrodillaría ante Él.

Ana cumplió la promesa que había hecho a Dios, y Dios la llenó con Su Espíritu. Su canto incluye una profecía temprana sobre Jesucristo, el Ungido.

LA PLEGARIA DE ANA

Entonces Ana oró y dijo:

"Mi corazón se regocija en el SEÑOR; en el SEÑOR mi gloria y fortaleza son mayores. Mis palabras se ufanan sobre mis enemigos, pues disfruto en tu salvación."

"No hay nadie sagrado como el SEÑOR; no hay nadie además de ti; no hay Roca como nuestro Dios."

"No sigan hablando con tanto orgullo ni dejen que de su boca salga tanta arrogancia, porque el SEÑOR es un Dios que sabe, y por él se miden todos los actos."

"Los arcos de los guerreros se han roto, pero quienes tropezaron serán armados con fortaleza. Quienes se llenaron se quedarán sin comida, pero aquellos que tuvieron hambre no lo estarán más. La mujer que fue estéril ha dado a luz siete hijos, pero la que tuvo muchos hijos se marchitará."

"El SEÑOR trae muerte y da vida; él te lleva y te levanta de la tumba.
El SEÑOR manda pobreza y riqueza; te encumbra y te hace humilde.
Levanta al pobre del polvo y saca al necesitado de las cenizas; los sienta junto a príncipes y les da a heredar un trono de honor."

"Porque los cimientos de la tierra son los del SEÑOR; sobre ellos ha hecho el mundo.
Protegerá los pies de sus santos, pero los malvados serán silenciados en la oscuridad."

"No se podrá prevalecer por la fuerza; quienes se opongan al SEÑOR serán destruidos.
Los fulminará desde el cielo; el SEÑOR juzgará el final de la tierra."

"Él hará fuerte a su rey y encumbrará el poder de sus ungidos."

Podrás encontrar la historia de Ana en el Antiguo Testamento, en el primer libro de Samuel, capítulos 1 y 2.